Poetisches Entweder – Oder

AF210121

Abdullah Rahhal

Poetisches
Entweder – Oder

Gedichte für Liebhaber der Weisheit

Band I

2. Auflage

Verlag: BoD · Books on Demand GmbH, Überseering 33,
22297 Hamburg, bod@bod.de
Druck: Libri Plureos GmbH, Friedensallee 273,
22763 Hamburg

Bibliografische Information der Deutschen Nationalbibliothek:
Die Deutsche Nationalbibliothek verzeichnet
diese Publikation in der Deutschen Nationalbibliografie;
detaillierte bibliografische Daten sind im Internet über
http://dnb.dnb.de abrufbar.

ISBN: 978-3-7578-0783-2

ZUEIGNUNG

Ein nächtliches Gebet

O weites All, o Unergründlicher, was
Ficht dich an, dass Planetlein Erde
Unbändig sich verzehrt an Gier und Hass?

Doch heilst du sie mit Gnaden und Magie
Und grün und froh so wie zuvor, dann werde
Ich säen und stets mit Veilchen zieren sie.

INHALT

DIALOG
MIT DEM NIHILISTEN

Als Gott dem Menschen gab die Wahl,
Da fühlte dieser sich geehrt,
Doch wählte allzu bald verkehrt
Und sah in seiner Gabe seine Qual.

DIALOG MIT DEM NIHILISTEN I

ERSTER DIALOG

1. Über die Klugheit

Wilhelm

Was hat, mein junger Freund, berührt
Dein Herz dereinst am Wanderleben?
Was hat den klugen Geist entführt,
Was hat so mächtig ihn verführt,
Dass er sich wandte ab vom Streben?

Endreß

So strebsam war ich freilich nie,
Ich ging bloß meiner Neugier nach.
Wie sie mich regt', genoss ich sie,
Doch ward sie bald mein Weh und Ach.

Ach, wär' ich bloß damals erbleicht,
Eh' ich fing an, die Fragen stellen.
Gar einem Joch dies' Gabe gleicht,
Die mir gekeimt in Hirnes Zellen.

So treibt Natur auch ihren Scherz
Mit uns, den scherzbegabten Wesen,
Dass wir uns bringen selbst den Schmerz
Mit eifernd' Herz und emsig' Lesen.

Wilhelm

Die Fragen Wie, Warum, Wofür
Sind nicht Dämonen, die eindringen.
Sie klopfen an des Geistes Tür
Als Gäste, die Geschenke bringen.

Auch wenn sie keine Ruh' gebracht
Und stets dich nur mit Zweifel plagen;
Erst der, der namenlos erwacht,
Kann frei den eig'nen Namen tragen.

So öffne ihnen Geist und Herz,
Auf dass sie halten das Versprechen
Und lindern deinen Weltschmerz,
Der dich, o Kluger, droht zu brechen.

Denn hat sie sich einmal gestellt,
Die Frage sich dir aufgezwungen,
So trümmerhaft dich dünkt die Welt,
Bis dir die Antwort einst gelungen.

Doch öffnest du die Türe nicht,
Lässt zaghaft sie nur halbwegs offen,
So kann der Klügste nicht das Licht
Der Seelenruh' zu sehen hoffen.

Und dann zum Dämon wird der Gast,
Und schwere Last wird jede Frage,
Bis bald es hängt von dürrem Ast,
Ein Leben, das man kaum ertrage.

Endreß

An meine Tür sie klopfen oft,
Ich lad' sie ein, willkomm'ne Gäste.
Doch nie sie brachten, was erhofft,
Nur Rufe logischer Proteste.

So manches Fach hab' ich besiegt,
Erforscht den Menschen und die Sterne,
Physik und was dahinter liegt,
Kultur und Ethik auch noch gerne.

Je mehr ich weiß, desto verhasster
Wird mir dies' Höhlengleichnis, Erde.
Je mehr ich weiß, desto bewusster
Ich über mein Unwissen werde.

Und immer länger ward die Nacht,
Musst' mich von Buch und Wahrheit trennen.
Der Mensch, der namenlos erwacht,
Muss sich nun einmal Wand'rer nennen.

Wilhelm

Solche Schwermut kannt' ich gut,
Und ich lob' des reifen Geistes Frust.
Ja, ein gar bewundernswertes Gut
Diese tief' Verzweiflung in der Brust.

Und ich weiß auch, was du hältst von Leuten,
Die bei jeder Klage aus Maxime
Lehren ziehn und wollen's besser deuten,
Weil ein Rat sich immer gezieme.

Dies' gesagt, es kommt nun doch ein Rat,
Denn ich auch muss ein Bedürfnis stillen.
Nur um der Gesprächslaune willen
Geb' ich ihn wie ein rätselhaftes Zitat:

Ist die Erde Höhlensein,
So ist Wissen Sonnenschein,
Der die Wände nie erhellt.
Doch Erkenntnis ist die Helle,
Die in sonnenloser Welt
Strahlt als freie Lichtquelle.

Endreß

Nichts als Rätselhaftigkeit
Macht den guten Lehrer aus.
Denn der Geist wird erst gescheit,
Wenn man fordert ihn heraus.

Was doch hier die Weisheit ist,
Fürcht' ich, musst du mich belehren.
Zwar 'ne int'ressante Wortes List,
Musst sie leider mir erklären.

Ob es Wissen oder Erkenntnis
Oder was noch treibt den Geist,
Nichtswissen ist die Erkenntnis,
Die sich als die einzige erweist.

Welche menschlich' Wunderkraft
Könnt' uns and're denn gewähren?
Das Labor der Wissenschaft
Kann uns nur Erfahrung lehren.

Alles, was der Mensch erfährt,
Muss ihm sinnlich erst erscheinen.
Wer den Schein der Dinge lehrt,
Kann von Wahrheit wenig meinen.

Wenn zur Hilf' man Logik zieht,
Von Gesetzen lässt sich leiten,
Dann mit Logik, wie man sieht,
Lässt sich alles doch bestreiten.

Was der eine Grübelgeist
Folgerichtig hier beweist,
Macht des andern Antwortbrief
Klipp und klar dort relativ.

Nur die Meinung, die man schätze,
Dürft' der Logik Test bestehen,
Dass man müsst' der Logik Sätze
Fast als Zaubersprüche sehen.

Und der Zauberer beschwöret
In die Welt die Bücherschränke,
Wo der Laie eifrig höret,
Was dogmatisch jener denke.

Wilhelm

Ist eben mit Absicht die Ironie passiert?
Die ist dir ja stets 'ne Verführung.
Nicht oft wird denn die Logik kritisiert
In einer so logischen Gedankenführung.

Die Logik ist des Geistes Reich,
Und doch würd' er sie gerne los!
Ja, was sie schreibt, verwischt sie gleich,
Und das, versteht sich, ärgert bloß;

Doch wie langweilig wär' der Erdenkloß,
Wär' diese Neugier nicht, und wie trist?
Grad' du musst wissen, wie famos
Die Leidenschaft des Forschens ist.

Endreß

Nicht so langweilig wär' in meinem Fall
Gar ohn' den ganzen Fleiß der Erdenball.
Zwar ab und zu genieß' ich das Getu'
Der Klugheit, doch es gibt mir keine Ruh'!

Vielmehr, wie ich fürwahr gestehen muss,
Zieht jede Frage hinter sich Verdruss.
Drum wär' es besser, man fragt nicht
Und wandert sorglos unterm Sonnenlicht.

Wilhelm

Da habe ich wahrlich nichts einzuwenden,
Dass wir mehr wandern und weniger lesen.
Nur lässt es dabei ein Geist nicht bewenden,
Des erster Wunsch die Erkenntnis gewesen.

Es sei denn, was den Wand'rer dreht und wendet,
An sich der Drang, das Wahre zu erstreben,
Und gar mit Recht, wenn dieses sich entwendet
Dem bloßen Denken, so könnt' man es erleben.

Stets wird's dem klugen Geist danach verlangen,
Die Fragen immer wieder neu zu stellen.
Doch zur Erkenntnis werden nur gelangen
Die Geister, die zum Herzen sich gesellen.

2. Über die Weisheit

Endreß

Das weise Herz ist bloß ein Menschenkenner;
Es kennt nur das, was menschlich es erlebt.
Drum sind pragmatisch gute Staatsmänner
Nur die, die Weisheit lernend angestrebt.

Sie steht Gott zu; dem Teufel steht sie gut,
Der uns verführt und weiß um uns're Grenzen,
Dass, wenn der Teufel lenkend Böses tut,
Er weiß, die Weisheit trefflich einzusetzen.

Die Klugen treibt er an mit Bildern neuer Welten,
Dass sie nicht leben, ehe sie gestorben.
Die Guten zehrt er aus und rühmt die Helden,
Bis alle Unschuld nach und nach verdorben.

Und da er nie ein sittlich' Urteil fällt,
Kann er mit Macht behaglich existieren.
So gib dem Teufel Herrschaft übers Geld,
Und er, der Weise, wird die Welt regieren.

Wilhelm

Den, von dem ich Neues lern',
Unterbrech' ich gar ungern.
Doch zu weit ein Irrtum geht,
Wo verstellt der Weise steht.

Wenn der Teufel je regiert',
War es sein' gewiefte List,
Weisheit nicht, die ihn beriet,
Dass er nun der Herrscher ist.

Nie doch geht auf solche Reise
Für die Macht mit List und Tück',
Besser weiß es denn der Weise,
Weiß den Weg zu Wert und Glück.

Menschenkenntnis ist die erste
Von der Weisheit vielen Stufen,
Deren erste nicht die Schwerste,
Auf Erfahrung doch berufen.

Kennt man sich noch so gut aus
Mit der menschlichen Natur,
Weisheit ist ein Treppenhaus,
Steig' hinauf den Flur nach Flur.

Kurz: sie liegt im Wählen schlicht.
Wähl' ich Lust oder wähl' ich Pflicht.
Ob ich blind dem Trieb nachgeb',
Oder mich über ihn erheb'.

Dann die Weisen übertragen,
Was vom Menschen sie erkannt,
Auf des Klugen stritt'ge Fragen,
Bis ein End' der Zweifel fand.

Denn das Wahre ist vollbracht,
Wo der Mensch es fühlt und lebt
Und bezwungen der Verdacht,
Dass der Geist ums Leere schwebt.

Dann der Weise weiß zu lehren,
Ohn' den Schüler zu belehren;
Weiß in allen Geistessachen
Frei den jungen Geist zu machen.

Dann der Weise blickt aufs Leben
Und, der Große, fühlt sich klein,
Will nur dankbar sein und geben,
Nur die Menschlichkeit erleben,
Unter Menschen Mensch nur sein.

Weisheit ist die Kunst zu wählen
Das, was uns gerecht verbleibt,
Statt der Macht und statt Juwelen,
Das, was uns zum Guten treibt.

Denkt man so des Teufels Wahl,
Weiß man ein für alle Mal,
Dass die irreführend' List
Nicht die Weisheit gleichsam ist.

Endreß

Daselbst doch beginnt der Dogmatismus!
Wo aus einem Hang zum Optimismus
Jemand beginnt, die Wahrheit zu erwählen,
Weil dies' heilsam wirke auf die Seelen;

Seelen, die verwundet hat das Scheitern,
Nur ein Tröpfchen Wissen zu ergreifen,
Dass sie nun die Grenzen sich erweitern,
Um die Wahrheit mystisch zu umschweifen.

Wilhelm

Von der Wahrheit red' ich nicht,
Doch der Glaube an das Wahre,
Sprich: den Sinn der mühevollen Jahre,
War und bleibet für die Pflicht
Wie die Augen für das Licht.

Endreß

Glaubenslehren war'n und bleiben Seelenlehren,
Die den klugen Geistern weinig vorzutragen –
Und im besten Falle, wie kaum zu erklären
Nötig ist, wenn sie nicht aufeinander schlagen.

So die Frommen auf der Suche sich verlieren
Zwischen Zweifel und dem ethisch' Wahn,
Dass, wer liebt, auch opfernd müss' agieren,
Dass Entbehren sei des Guten Bahn.

Und der Teufel dabei höhnisch lacht,
Dass der Weise ihm es leicht gemacht,
Der den Besten rät, sich stets zu scheuen
Vor der Macht und Reichtum zu bereuen.

Darum siegen Kriege immer wieder,
Wie Geschichte zeuget, über Frieden;
Weil die Macht war jenem stets zuwider,
Der für sie getaugt und sie vermieden.

Wilhelm

Der Teufel wird's nicht leichter haben,
Wenn Menschen aus Erkenntnis handeln.
Dem Herz kann er denn nichts anhaben,
Mag er noch Stein in Gold verwandeln.

Der Kampf ist denn nicht nur um Frieden,
Es ist ein Kampf um menschlich' Werte.
Der Beste, der die Macht vermieden,
Ist auch, wer Sinn und Liebe lehrte.

Die Lehre jenes Weisen war
Kein bloßer Wahn, den er erwog,
Denn die Erkenntnis, die ward wahr,
Sowie sie lebend sich vollzog.

Das Wahre lebt und webt im Innern,
Lässt sich in Worten nicht benennen.
Kannst du es wissend nicht gewinnen,
So lern' es durch Erkenntnis kennen.

Da sieht man sich im großen Ganzen
Und kann sodann den Mut aufbringen,
Um mit dem Bösen kühn zu ringen,
Statt hinterlistig mit ihm tanzen.

Und hätten nur bei jenem frühen Dämmern
Die ersten Zwei der menschlich' Reise
Gesucht Erkenntnis, statt das Glimmern
Der gold'nen Frucht begehrt im Paradeise,

Dann hätt' erkannt das lüstern' Herz,
Dass Gott, der liebt sie, den sie lieben,
Sie nur bewahren wollt' vor Schmerz;
Und droben wären sie geblieben.

Das Wissen ist jener himmlisch' Schatz,
Den Adamskind begehrt noch immer
Und gräbt nach ihm an jedem Platz
Und noch von gold'ner Frucht kein Glimmer.

Erkenntnis ist die ird'sche Frucht,
Die nicht des Geistes Hunger stillt,
Doch aus der Weisheit tiefen Schlucht
Als Heilung für die Menschheit quillt.

Das Wissen ist jener Sonnenschein,
Der nie der Höhle Wand erhellt.
Erkenntnis bringt ins Höhlensein
Die Wärme einer nahen Welt.

Endreß

Wenn sich der Mensch mit Wahrheit muss begnügen,
Wird er im Leben keine Freude finden.
So kommt es, dass so manche sich betrügen
Und glauben, was sie hoffnungsvoll erfinden.

Nie strahlet doch ein Feuer heller als die Sonne,
Nie kommt der Glaube auch der Wahrheit gleich.
O Erdenkind, was suchst du denn die Wonne
In dem, was gar nicht wohnt im Erdenreich?!

Der Sinn, den wohl es nicht zu geben scheint,
Kann wahrlich nicht erlebt in Mystik schlicht.
Und wenn es dir genügt, so hat's verneint
Schon längst mein Herz; es will den Glauben nicht.

Ich will den Rest des Lebens umherwandern
In unentdeckten, menschenleer' Gefilden,
Im Freien grüner Höhlenwelten schlendern,
Mich sehen satt an göttlichen Gebilden.

Ich will das seh'n, was Gott nur für sich schuf,
Es sinnlich und dann übersinnlich spüren,
Zugleich erleben mystisch' Ruh' und Kriegesruf,
Das Ungezähmte herzensnah berühren.

Ich will entbehren dieses Bett und dieses Haus
Und alles, was ich schreibend hier erwerb'.
Ich will nur reisen hin, nur geh'n hinaus
Und stets fortwandern auf Gedeih und auf Verderb.

Wilhelm

O Wandersmann, ach, du Verführer,
Was weckst du wieder in der Brust
Dem armen, unbeschirmten Hörer
Jen' süß betrübte Lebenslust.

O Wand'rer, der du wandernd lebst,
Auf deinem Wege halt' dich inne
Und frag' dich, wonach du denn strebst,
Eh' dir die Lebenskraft entrinne.

Und frön' der Suche, die dich treibt,
Wie es dem klugen Geiste ziemet.
Gesunder jedoch dieser bleibt,
Wenn Weisheit seine Klugheit zieret.

ERSTER TEIL

DAS BUCH
DES ÄSTHETIKERS

Mein Geheimnis hab' ich zwar
Damals heimlich dir verraten.
Dass es doch gelogen war,
Hätt' ich selbst auch nicht erraten.

DER ÄSTHETIKER

Ich will mein Schicksal einmal halten
Wie vogelfrei in eigner Hand,
Doch herrschen über mich Gewalten,
Die fremd mir sind, dennoch gestalten
Mein Glück, mein Leben und Verstand.

Ich will frei sein von den Dämonen,
Von Geld, Moral, Gesetz und Frist ...
Ich will in andren Welten wohnen,
Die Lacher, Spiel und Scherz belohnen,
Nicht Wettbewerb, Ehrgeiz und List.

Der Sinn entziehet sich den Sinnen,
Das Leben ist ein mühsam' Spiel,
Wo ungleich jeder muss beginnen
Und eifrig sucht, ein Nichts gewinnen,
Das einem doch erscheint als viel.

Ich will die himmlisch' Weine trinken
Auf Erden, dass ich heil und wach
Kann bleiben und lustvoll versinken
Dann in des Waldes Duft und winken
Beim Morgenrot der Schönen nach.

Ich will auf Erden mich berauschen
Mal nächtlich am astralen Dach,
Die Räume gegen Bäume tauschen,
Des Waldes Liedern selig lauschen,
Vergessen jedes Weh und Ach.

Und nur euch Vögeln will ich singen,
Die ihr nicht singt für Lob und Preis,
Und auf der Musen Ross mich schwingen,
Die ewig schmachten und erklingen
Und sind des Menschen wahrer Fleiß.

Ich will die Freud' am Sein genießen,
Doch treibt das Sein zur Trübsal hin.
Ich will des Waldes Blumen gießen,
So kann das Glück im Freien fließen,
So macht es Spaß und wenig Sinn.

Zu allen Göttern will ich beten:
Wenn ihr da seid, dann seid so lieb
Und mir gestattet, auszutreten
Aus diesem Test der Moralitäten,
Weil nichts vom Willen übrigblieb.

Des Guten spotten gilt als Sünde?
Ist dann nichts Böses wollen gut?
Wenn ich den Göttern dies begründe,
Wenn ich als guter Sünder stünde,
Bewahrt mich das vor ihrer Wut?

O Götter im Himmel, ihr Weisen,
Erlaubt mir bloß das irdisch' Glück!
Das himmlisch' könnt ihr mir verweisen.
Ich will hier speisen und euch preisen,
An Gut und Bös' liegt mir kein Stück.

Die Kunst der Langeweile

oder: Melancholie

Ich langweil' mich nur durch die Zeit
Und durch des Lebens Eitelkeit.
Mir hat das Leben nicht gegeben
Ein sinnvoll' Ziel, das lohnt das Streben,
Auch nicht den sinnlosen Genuss.
Ich langweil' mich so durch das Leben.
Ich dichte nur aus Überdruss.

Ich langweil' mich so durch die Stund'.
Zur Freude seh' ich keinen Grund.
Und dümmer noch find' ich die Trauer,
Doch geb' ich Recht dem Schopenhauer:
Das Leben ist ein Trauerspiel.
Das Spiel der Lust von kurzer Dauer,
Doch das der Trauer spielt man viel.

Ich langweil' mich so durch den Tag,
Ich dichte nicht, weil ich es mag,
Ich dichte, weil ich höre ticken
Die Zeiger meiner Uhr, da klicken
Mir viele Reime in den Sinn.
Ich hör' sie ticken und seh' sie nicken
Mir zu, dass ich ein Dichter bin.

Ich langweil' mich so durch die Woch'
Und warte auf das Leben noch,
Nur darauf, dass es weitergehet,
Dass um ein Leben es sich drehet,
Statt um dies' schlecht erzählten Witz;
Dass Gott mit Gnaden auf mich sehet,
Von Neuem mich erzählt als Blitz.

Ich langweil' mich so durch den Monat.
Papier und Feder sind die Heimat,
Wo eitel lebt mein Geist und leibet.
Ist wahr denn nur, was ewig bleibet?
Der Tod ist ewig, kurz die Lieb'.
Der Dichter singt nicht, was er schreibet.
Der Sänger weiß nicht, wer es schrieb.

Ich langweil' mich so durch das Jahr.
Nur diese Öde scheint mir wahr
Und diese Dichtung, die ich treibe.
Mich langweilt alles, was ich schreibe
Fast jede Nacht zum Schlafen tief.
Auf dass ich wach in Versen bleibe,
Schreib' ich so manchen hübschen Brief.

Frei sein, dumm sein

Ihr sucht die rechte Lebensweise?
Dann geht wie ich auf seltsam' Reise:
Ich geh' und geh' mit Augen zu.
Ich dreh' und dreh' mich stets im Kreise.
Wie freut es mich, wie ich es tu'!

Mich freut es mehr, doch nichts zu sehen,
Den Weg mit off'nen Armen gehen.
Wo tritt mein Fuß wohl dieses Mal?
Kann jemand denn mein Glück verstehen?
Es fliegt, mein Glück, über Berg und Tal!

Wollt ihr das Glück auch fliegend sehen?
Dann Augen zu und wie ich gehen.
Fehlt's euch an Mut? Probiert es mal!
Dem Wind nachgehen, lasst euch drehen
Im Kreise und lasst los die Wahl!

Das uninteressante Glück

So Vieles ist am Menschen groß:
Sein Trachten und sein Mut,
Verzweiflung wie ein Todesstoß
Und Wut wie Feuerflut.

So Vieles ist am Menschen tief:
Sein Mitleid und die Reu'
Und Neid, der wie ein Scheusal schlief,
Und unverbrüchlich' Treu'.

So Vieles beides tief und groß:
Die Sehnsucht und die Qual
Und Hass, der stets sich steigert bloß,
Und Liebe auch manchmal.

Fast alles führt den Dichter doch
Auf eine klare Spur,
Das Glück jedoch ist weder noch;
Das ist ein Rinnsal nur.

Ästhetische Momente

Ich lobe schon den Ernst,
Die Ernsten jedoch nicht.
Wenn du sie kennenlernst,
Sind sie zu bieder schlicht.

Der Ernst jedoch, er brennt,
Umgreift die ganze Welt.
Ein rauschendes Moment,
Das nie sich lange hält.

Ich lob' das Mitleid auch,
Mitleid'ge jedoch nicht.
Sie sind wie Wolkenrauch,
Verdecken tags das Licht.

Im Mitleid doch gedeiht
Die menschliche Natur,
Moment der Menschlichkeit,
Das uns erbauet nur.

Auch lob' ich die Freundschaft,
Den Freundlichen gebricht's
Jedoch an Leidenschaft
Und Eindruck des Gesichts.

Den Frohsinn auch lob' ich,
Die fröhlich' Menschen doch
Langweilen immer mich.
Ich gähn', sie lachen noch.

Auch lob' ich Geistlichkeit,
Doch nicht die geistlich' Leut',
Zwar sind sie hoch gescheit,
Ihr Herz doch schnell bereut.

Am Anfang ist es Mystik,
Dionysisch heißersehnt,
Dann wird's, wie schlechte Lyrik,
Unnötig ausgedehnt.

Der Wanderer I

Seelische Verwandlung

Großgewachsen, stolz und weise,
Sucht des Wissens klug' Beweise,
Träumt von Frieden und Gerechtigkeit.
So ein Mensch setzt fort die Reise,
Ahnt doch nicht, auf welche Weise
Die Natur erweckt in ihm die Eitelkeit.

Dann erklingt gar mild und leise
In der Nacht ein Ton der Greise,
Raunt ihm von der Wirklichkeit.
Da ihm dreht es sich im Kreise
Und er träumt von Wein und Speise,
Von des Lebens Süßigkeit.

Dann geht er auf neue Reise,
Gleitet übers Meeres Gleise,
Wohnt mit jedem Wald zu zweit.
Auf des Abenteuers Weise
Wandert, singt mal laut, mal leise:
»Ich bin ein Phantom der Zeit.«

Der Wanderer II

Der Geist der Sinne

Ich sucht' das Ideal des Lebens
Als Geistlicher durch Geisteskraft.
Und lange suchte ich's vergebens
Als einer Tugend Eigenschaft.
Doch keine Tugend war so rein,
Um Ideal an sich zu sein.

Dann suchte ich's im inn'ren Triebe
Gar fernab Tugend und Moral,
Und dieser mich verwies auf Liebe.
Doch als ich Liebe fand einmal,
Wollt' sie mich machen gut und fromm.
So sucht' ich, dass ich ihr entkomm'.

Dann blieb mir nur, mit Aug' und Nase
Zu spähen nach dem Werte aus,
Und wollt', dass aus dem Hut ein Hase
Irgendwann hüpft zu mir heraus;
Dass auf des Wand'rers sinnlich' Fahrt
Die Geisterwelt sich offenbart.

Als Wand'rer zählte ich nicht die Jahre,
Ein Pfad schloss sich dem andern an.
Der Kompass ward entbehrlich' Ware,
Den Winden folgt der Wandersmann.
Die Herrschaft über mich selber auch
Verlor ich gern im Räucherhauch

Mal spürt' ich meine Seel' verderben,
Mal spürt' ich sie wie Lotus blüh'n.
Bald wollt' ich nichts als Ruh' erwerben,
Bald flammenrot beim Tod erglüh'n.
Und der Erfahrung galt's allein,
Des Wand'rers Lehrerin zu sein.

So stieg die Neugier auf das Leben,
Je mehr die Sinne das Sein erlebt.
Nie konnt' ich doch den Wert erleben,
Nach dem der eifrig' Geist gestrebt.
Und stets die Öde mich befiel
Sobald zu Ende war ein Spiel.

Alsdann im mystisch' Reich der Sinne
War jäh ein neuer Geist erwacht.
Wie alles Große am Beginne
Entriss er mächtig sich der Nacht.
Und ehe er berührt' die Brust,
War mir das Ideal bewusst.

Der Sinne Geist lobt' neue Werte,
Die lebhaft, schön und sinnlich sind.
Was als das Gute man verehrte,
An seiner Leidenschaft zerrinnt.
Und was für immer Sünde war,
Ist nun doch gut für 'n halbes Jahr.

Und jede Lust und Kunst entfaltet
In ihm Erlebnisse der Welt.
Zwar alternd seine Glut erkaltet,
Sein Ideal sich dennoch hält:
Die Schönheit, diese Zauberkraft,
So einfach und so rätselhaft.

Denn wer genießend sie verehret
Und sie mit fein' Gespür erkennt,
Der weiß, dass er dadurch entbehret
Der Schönheit tragend' Element.
Und nur des Wand'rers sinnlich' Geist
Ein Lebensideal erweist.

Der Wanderer III

Dilemma des passiven Nihilisten

Und seien Gut und Böse mir auch gleich,
So frag' ich oft, warum,
Wenn doch so unbegründet lieb und weich
Das Herz sich stellet dumm.

Was soll das Mitleid, ach du dummes Herz,
Was soll das Streben?
Wo ist dein Lied verschwunden? Wo dein Scherz?
Was tut dir an das Leben?

Was kämpfe ich denn da? Was tu' ich bloß?
Was hoff' ich, dass ich kriege?
Doch schärfte ich das Schwert und ritt das Ross
Und zog schon in den Kriege.

Nun seh' ich klar, wo schon der Feind besiegt,
Dass niemand hat gewonnen.
Und schwer am Herzen nun die Reue liegt,
Dass ich dem Tod entronnen.

Das Schicksal, das ich einst verhöhnte, traf,
Dass ich, der ich nichts wollte,
Als freie Freude und schuldlosen Schlaf,
Auch das verlieren sollte.

Das Unbegreifliche

1. am Geist

Wird der Mensch jemals ergründen,
Ob Begriffe bloß den Schein,
Oder den Gehalt begründen
Von dem so gewahrten Sein?

Wird der Mensch jemals durchdringen,
Ob der geist'ge Trieb es schafft
Je, den leiblichen zu bringen
Unter seine Vorherrschaft?

Wo der geistige beginne,
Und der leibliche aufhört?
Ob die blind agierend' Sinne
Gar den Geist heraufbeschwört?

2. an der Materie

Wird der Mensch jemals begreifen,
Welche alles bindend' Kraft,
Wie ein untrennbarer Streifen,
Stets den Steg ins Dasein schafft?

Wird der Mensch jemals erfassen,
Ob Materie lebhaft strebt,
Oder nur im Tun und Lassen
Das Lebend'ge um sich webt?

Wird der Mensch auch je verstehen,
Wie aus leerer, dunkler Nacht,
Ew'ger Wandel konnt' entstehen,
Wie aus unstillbarer Schmacht?

Ob in jenem ersten Ringen
Äther allem Intellekt,
Oder doch ein Gott den Dingen
Geht voraus und Sinn bezweckt?

Nächtliche Erscheinung

In einer späten, schlummerlosen Nacht,
Die Augen müd', als tief im Herz erwacht'
Ein derbes, süßes, schmerzliches Verlangen;
Es quält' mich, doch ... ich wünscht' es nie
                                vergangen.

Als ich dasaß in kleinem, fadem Haus,
Wo mir die Tinte Hand und Stirn verschmiert,
Ein Blick zum Pfad des nahen Walds hinaus
Weckt auf, was sonst nur schlafend existiert.

Ein etwas fühlt sich gar unendlich frei,
Die Brust vermag es kaum zu halten drin.
Wenn ich aufschrie', blieb' ungehört der Schrei,
Doch meines Herzens Stöhn verriete, wo ich bin.

Und aus dem Sinn mir waren Buch und Stift,
Und so gering, so leer schien mein Bestreben,
So eng das Haus, die Wände sprühten Gift.
Ich will nun reisen hin, ach, hin zu neuem Leben.

Ein Sehnen groß und ungestüm, doch milder
Als manche öde Stunde hier verschwendet.
Ich will in Bergen leben und noch wilder,
Ein Adler sein, der frei die Höhn erkundet.

Ich will den Rest des Lebens umherwandern
In unentdeckten, menschenleer' Gefilden,
Im Freien grüner Höhlenwelten schlendern,
Mich sehen satt an göttlichen Gebilden.

Ich will das seh'n, was Gott nur für sich schuf,
Es sinnlich und dann übersinnlich spüren,
Zugleich erleben mystisch' Ruh' und Kriegesruf,
Das Ungezähmte herzensnah berühren.

Ich will entbehren dieses Bett und dieses Haus
Und alles, was ich schreibend hier erwerb'.
Ich will nur reisen hin, nur geh'n hinaus
Und stets fortwandern auf Gedeih und auf Verderb.

Was ist es bloß, dies' ozeanisch' Lebenslust,
Die mich geschwungen hoch auf ihre Wogen,
Dann flugs entwich der überfordert' Brust
Und hinterließ mildtätig ... 'nen kleinen
                                        Regenbogen?

In einer späten, schlummerlosen Nacht,
Die Augen müd', als tief im Herz erwacht'
Ein derbes, süßes, schmerzliches Verlangen;
Dann war die Kerz' erloschen ... die Sonne
                                        aufgegangen.

Das ästhetische Schönheitsideal I

Die Leerheit in der Schönheit

Weisheit ist das Ideal,
Das der Mensch für sich gewählt,
Auf dass seine weise Wahl
Tilgen mag, was ihn gequält.

Schönheit ist, was die Natur
Als ihr Ideal bestimmt.
Wer sie kennt, beschaut sie nur,
Wie ein Weiser sich benimmt.

Beide sind doch nie vereint,
Nie in einer Form zugleich,
Weil die Schönheit leer erscheint
Weisheit doch an Lehren reich.

Alle Weisheit in sich birgt
Das Verhängnis alter Pein,
Doch die Schönheit schöner wirkt,
Wenn sie unbefleckt und rein.

Wenn die schönste Blum' der Welt
Dächte: „Ach, wie schön ich bin!",
Dann dem Weisen sie missfällt
Und vergällt ihm gar den Sinn.

Das ästhetische Schönheitsideal II

Ästhetisches Verhältnis zu Liebe

Alle Weisheit dort beginnt,
Wo die Lieb' das Herz verwund't,
Und die Schönheit dann zerrinnt
An der Liebe arger Wund'.

Wer zum zweiten Male liebt,
Ward nicht weis' beim ersten Mal.
Dass der Mensch sich ihr hingiebt,
Ist der Liebe streng' Moral.

Dafür ist das Leben doch
Viel zu bunt und wundervoll
Und des Geistes Jugend noch
Stürmisch und des Leichtsinns voll.

Liebe füllt zunächst die Brust
Mit dem Wunsch nach Zweisamkeit,
Dann verwandelt alle Lust
In ein lebenslanges Leid.

Liebet man die Schönheit nicht,
Wird sie einem kein Verdruss.
Mühsam ist die Liebe schlicht,
Schönheit doch ist ein Genuss.

Das ästhetische Schönheitsideal III

Eine herbstliche Erkenntnis – vom Naturschönen

Einst in tiefem Herzverdruss
    am Rand der Stadt
Sah ich hinterm Sonnenstreif
    ein herbstlich' Blatt
Langsam fallend und verlassend
    den Baum.
Plötzlich standen still mir beides:
    Zeit und Raum.

Zierlich gleiten Herbstes Kinder
    heute übers Land,
Decken Gras und Pfad so lind
    mit güldenem Gewand.
Zwar vom Baum gefallen,
    jedoch voller Macht,
Reiten goldig Licht und Wind –
    welch ew'ge Pracht!

Mächtig' Kräfte hielten mir die Sinne
    fern und weit,
Schwermut, Sehnsucht, Trübsal,
    ach, und Neid,
Dass sie freier sind
    und doch der Wahl entbehren.
Vorbestimmt bin ich dazu,
    das ewig zu begehren.

Wandeln wird das Blatt sich bald,
   wenn es verdorrt,
Fährt es mit dem Lebenszyklus
   immer fort und fort.
Doch des Menschen Wort
   wird bald mit ihm tot sein,
Weil er seine Worte schreibet
   für sich selbst allein.

Ach, wenn ich nur könnte
   mit dem Wind mich drehen,
Stets an jeder Last und Lust
   hochwirbelnd vorbeiwehen.
Dann vom Neid erfüllt ich schrieb
   auf Blättern taub:
Wehe flüchtig hin, du eitles Laub,
   bald bist du Staub!

Mit des Menschen Tod
   stirbt auch des Herbstes Sinn,
Schön bist du, o Herbst,
   weil ich Betrachter bin.
Denn das Schöne ohn' Begehren
   ist Körper ohne Geist,
Wenn es nicht verführt,
   die Herze an sich reißt.

Dann gab ich die Blätter
   an die Winde weiter,
Dass sie mögen singen
   meine Worte heiter.
Sing', o brausend' Wind,
   dass ich, des Leidens Kind,
Dass wir Menschen selbst
   der Grund des Schönen sind.

Die Kunst des Spottens

Mich dünkt, als ob das Leben wie ein Märchen
Sich seltsam zieht an mir vorbei,
Und meine Sinne still, als ob im Schläfchen
Sie ruhen – weder dort ... noch dabei.

Und nebenbei fühl' ich Behagen,
Welch süßer Rausch ... so unheilbar!
Von Stolz und Trotz stets hochgetragen,
Hochmütig lächelnd, unnahbar.

Die Welt betracht' ich aus der Ferne.
Ich seh' auf sie hinab und weiß,
Genieß' die Nachbarschaft der Sterne,
Viel Wissen und gerne auch viel Fleiß.

Des Menschen Gier, des Menschen Bange
Berühren nicht das unbekümmert' Herz.
Nichts wünscht' ich mir, ach, nichts für lange,
Als bloß ein Sein für Lied und Scherz.

So ist mein Lieblingsspiel zu lachen
Über meines Seins Sinnlosigkeit,
Zu spotten aller ernsten Sachen:
Moral und Liebe, Tod und Zeit.

Und Mitleid würd' ich gerne fühlen,
Doch ist der Nächste viel zu weit.
Denn wenn die sterbend' Herze kühlen,
Dann grämt sie nicht des Menschen Leid.

Ja, nennt mich Narr und nennt mich Teufel!
Die frommen Klagen sind mir leer.
Sie langweil'n mich, denn ohne Zweifel
Fällt euch beim Ernst das Lachen schwer.

Wenn meinen Spott ihr wollt aufhalten,
Sagt mir, wie sehr ich weise sei,
Die Kron' der Schöpfung soll' erhalten,
Und macht mich dümmer noch dabei.

Nur würd' ich schmelzen dann die Krone,
Um draus zu schmieden eine Pfeif'.
Und erst weil dies sich für mich lohne,
Werd' ich der Krönung wahrlich reif.

Wenn meinen Spott ihr wollt doch meistern,
So täuscht mich klug durch ein Geschenk,
Angeblich einen Stab, der zaubern
Mir alles kann, was ich mir denk'.

Den Stab würd' ich begierig schwingen:
Sei kleiner, dünn und schön biegbar,
In meine Pfeif' hinein sollst dringen,
Den Dreck wegzaubern ganz und gar.

Aus tiefstem Herz würd' ich dann lachen,
Sobald der Stab mich nicht erhört:
Sie lieben's, meinen Spott nachmachen!
Die Frommen hab' ich doch verführt!

Meine Lieblingstracht

Ich sah des Lebens viel' Gesichter
Und ward in meiner Jugend alt,
Als ein Gelehrter, Wand'rer, Dichter,
Doch blieb es mir ein' Ungestalt.

Wir wechseln bloß die vielen Trachten,
Auf dass die Leere Form erhält.
Doch wie die Weisen's auch betrachten,
Ist nichts als Pein in dieser Welt.

Drum lass' ich mich vom Wein berauschen,
Auf dass er kurz mich heilen kann,
Um dem Gewimmer nicht zu lauschen,
Das diesem Leben haftet an.

ÄSTHETISCHE EINDRÜCKE

Für Freundschaft und Blut

Ein Heil'ger kann den Nächsten lieben.
Der Mensch kann nicht ein Heil'ger sein.
Die Liebsten schon sind mir geblieben
Stets ein Verdruss, den heilt nur Wein.

Für Liebe lässt es sich nicht leben.
Für Freundschaft lebt es sich doch gut
Und für den roten Saft der Reben
Und für den süß' Geschmack von Blut.

Treu meiner Rache

Treue halt' ich nicht dem Guten;
Treue halt' ich nicht der Lieb'.
Meine Treue schickt in Fluten
Ihren rein' Zerstörungstrieb.

Ungeduldig und gerissen
Martert ihre sücht'ge Flut,
Bis sie alles mitgerissen,
Doch geblieben ihre Wut.

Luzifers Tugend

Ja, das Bös' will Tugend sein!
Alle Tugend denn will teilen,
Will die Pein des Nächsten heilen.
Und des Bösen glühend' Schein
Will sich gar dem Licht verpflichten,
Lodernd alles Sein vernichten,
Denn zu sein ist größte Pein!
Bringt es Heilung, bringt es Sterben,
Teilt sein höchstes Gut: Verderben.
Ach, Verderbnis, Tod und Wein!

Die Kunst der Weisheit

Weisheit ist die Kunst zu wählen
Das, was uns vergessen macht,
Statt zu streben, statt sich quälen,
Das, was frei und selig lacht.

Ästhetischer Wahlspruch

Folge nie 'nem Wahlspruch!
Sinnlos wär' es,
Drum ein Widerspruch.

Ohne Wahrheiten bitte!

Die Wahrheit, ach, was such' ich sie?!
Ich mag's doch mehr mit Fantasie,
Ein Leben in Paradoxie.

Mein bester Freund ist nicht die Zahl.
Er schwebt und rollt gar frei im All,
Kennt kein' Beweis und keine Qual.

Der Wandel des Dichters

Der junge Dichter dichtet aus verliebtem Herz,
Noch auf den Ruhm erpicht,
Der alte nur aus unheilbarem Weltschmerz,
Der martert und der sticht.

Der gute, weise Narr

Wer stets versucht, des Bösen dreister Hand
Zu wehren friedlich mit dem gut' Verstand,
Der schlägt ganz weise Kopf gegen die Wand.

Ich tanzte gern

Das Tanzen ist ein Trost für jene,
Die geistig leer und träge sind.
Ach, wie ich nur danach mich sehne,
Durch Leeren tanzen gleich dem Wind.

Meines Stiftes Nachwuchs

Es sticht!
Es sticht!
Es sticht!
Was tust du, oh mein Stift?
Dein Kind ist meine Schrift,
Dein Enkel pure Gift!

Vom Streben nach Wahrheit

Wahrheit ist des Traumes Liebe:
Eine unbeschreiblich feine.
Dann gehorcht man wach dem Triebe,
Schwelgt in mancher süßen Liebe,
Keine jedoch ist die Eine.

Ein seltenes Gut

Auf Schönheit selten einer trifft,
Ob in der Kunst oder Natur,
Zwar selt'ner noch in menschlicher Figur,
Die menschliche jedoch übertrifft,
Was je gemalt des Künstlers Stift,
Weil sie nicht äuß're Schönheit nur,
Wenn, was die Augen erst erblicket:
Das Abbild unbefleckter Schöngestalt,
Nicht minder auch die Seele schmücket,
Sie mit Vollkommenheit bestücket, –
Die dahin schwindet allzu bald.

Ein nicht lustiges Spielchen

Sucht' ich nach Erkenntnis, immer
Wurd' ich bald danach enttäuscht.
Späht' im Tunnel ich ein' Schimmer,
War das Auge bloß getäuscht.
Zog ich dann die Lehr' daraus,
Mich zu ruh'n im Dunkeln aus,
Neckt' ein neuer Schimmer mich –
Unverbesserliches Ich!

Der unpünktliche Tod

Mir wäre gar genehm der Tod
In größter Lust, in größter Not.

Doch wär's ein elender Termin,
Käm' er, wo ich nur wart' auf ihn.

Wann kommst du endlich? Bist noch fern?
Ich warte auf dich so ungern.

Menschengeschmack

Verehr' den Mensch, der rein sich hält
In einer so verderblich' Welt.
Veracht' den Mensch, der ernste spricht
Bei zauberhaftem Dämmerlicht.

Das Paradies für mich

Wenn wir im himmlisch' Haus nicht ewig lachen,
Dann will ich nach dem Tode nicht erwachen.

Der begierige Mensch I

Nie weiß der Mensch zu schätzen,
Was er schon hat,
Will Glück durch Glück ersetzen,
Wird niemals satt,
Wirft alles, was er jetzt kann machen,
Gleich in den Müll
Und fordert all die andren Sachen
Mit laut' Gebrüll.

Der begierige Mensch II

Was der Mensch denn nicht
   so alles gern will haben:
Reichtum, Ruhm und Schönheit –
   wissend und erhaben.

Was der Mensch am Ende
   alles wird gewinnen:
Tiefes Loch mit Rosen drauf
   und Würmern drinnen.

Spottet

Spottet, dass ich bin ein Blinder,
Der von Farben gerne dichtet,
Und ein gottgesandter Seher,
Der auf seine Sicht verzichtet.

Versuch über Gut und Böse

Gut ist alles, was entfaltet
Frei die eigene Natur,
Doch nicht länger in ihr waltet
Als ein Weilchen nur;

Böse alles, was will formen
Deine inn're Welt,
In der engen Gruft der Normen
Dich gefangen hält.

Ein Rat

Rat ist jedes Menschen Pflicht.
Pflicht ist jedem eine Pein.
Gut ist doch das Leiden nicht.
Drum kann nie ein Rat gut sein.

Dichterdasein

Was weckt nun diese Laune wieder,
Die macht die Öde mir zur Lust?
Es seufzt ein Monstrum in der Brust.
Doch schrieb ich's einmal kunstvoll nieder,
Dann singt es schöne, sanfte Lieder
Und mildert meines Herzens Frust.

DIALOG MIT DEM NIHILISTEN

ZWEITER DIALOG

1. Über das menschliche Streben

Endreß

Das Wahre? Ach, das Wahre! Was ist das?
Nur ein verträumtes Wort der gläubig' Geister.
Und wahre Liebe! Gibt es auch den wahren Hass?
Den wahren Schüler wie den wahren Meister?

Was hat der Mensch sich eitel ausgedacht,
Um sinnerfüllt an Höheres zu glauben,
Das zwar verborgen, selten doch erwacht
In Auserwählten, wenn die Götter erlauben.

Er sieht im Mehrsein sich gekrönt dastehen,
Ein Bild, das ihm behagt wie nichts auf Erden,
Und lässt Gedanken sich im Kreise drehen,
Bloß nicht das Wahre, nicht den Sinn gefährden!

Wenn nur der Mensch entriete diesem Wahn,
Der Kluge sich vom Suchen zög' zurück,
Dann bräche er des Teufelskreises Bahn
Und fände gleich ein freies, neues Glück.

Wilhelm

Der Mensch doch wird es stets versuchen,
Zu finden seines Daseins Grund.
Ihn treibt sein Wesenskern zum Suchen.
Er strebt und wandert und erkund't.

Endreß

Ihn treibt die Neugier seiner Art.
So wie die Katze flieht und wandert,
So auch der Mensch nach Gründen fragt,
Sich über Unerklärtes wundert.

Besonders an dem menschlich' Streben,
Ist nicht die ew'ge Wissbegier,
Doch was sich daraus musst' ergeben,
Ein Paradox in Dingen vier:

Gesuchtes, welches dem Gegeb'nen
Unmöglich sich entrollen kann,
Als ob es schwebt' in andren Ebnen,
In Welten jenseits Wo und Wann.

Gegeb'nes, welches das Gesuchte
Zu suchen unendlich genügt,
Als ob der Schöpfer streng verfluchte
Die Schöpfung, dass sie täuscht und lügt.

Ein Suchender, der dies erkannt,
Sich nicht vom Suchen abgewandt,
Als ob das Herz bewusst versagt
Zu tun, was das Gehirn ihm sagt.

Und Glück, das sich lässt erst erringen,
Sobald die Suche aufgegeben,
Und ist zugleich, worum wir ringen,
Wenn nach der Wahrheit stur wir streben.

Wilhelm

Und mag Vernunft sich widersprechen,
In tausendfachem Sinne noch,
Und mag sie nie die Grenzen brechen,
Nie werfen ab der Fragen Joch,

Sie kann sich gleichwohl wiederfinden
In einem scheinbar leerem Trotz,
Das Joch gar nicht zu überwinden,
Zu tragen doch aus freiem Stolz.

Es scheint, als ob ein stolzes Scheitern
Im Kern des reifen Geistes wohnt,
Dass ihn die Wege schon erheitern,
Blieb' ihm das Ziel auch unbelohnt.

Es scheint, als ob ein tröstlich' Leiden
Des reifen Geistes Wesen prägt.
Drum will er nicht das Joch vermeiden,
Das er gezwungen ehe trägt.

Kein Glück ist seiner Seele treuer,
Als wenn der Mensch erforscht die Welt,
Und keine Beute je so teuer,
Kein Arzt gesünder ihn erhält.

Drum soll der Mensch stets auf der Suche
Nach jeder groß' Erkenntnis sein.
Und schlugen fehl auch all' Versuche,
Wir schlagen neue Wege ein.

Endreß

Und da der gute alte Weise!
Er siehet wohl des Geistes Grenzen,
Doch will auf seine unermüdlich' Weise
Sie gern erweitern und ergänzen.

Er ist wie ein geschickter Jägersmann,
Der nächtlich träumt, er renne im Walde
Und komme der Beute näher ran,
Nur müss' er weiter – ach, der gute Alte!

Wilhelm

Wenn wir träumten Zeit und Raum,
Wenn sogar das Leben,
Sollt' der Mensch dann nicht im Traum
Nach dem Wahren streben?

2. Über den freien Willen

Endreß

Was er tun soll, trägt wenig bei.
Es kommt nicht auf den Willen an.
Der Mensch denn handelt niemals frei.
Es zählt nur, was er muss und kann.

Er muss sich fragen jede Frage
Und kann die Antwort dann nicht finden.
Er muss auch klagen jede Klage
Und kann dem Leid sich nicht entwinden.

Und stets muss er gefangen bleiben
In dem Gefängnis fremder Gewalten.
Doch kann er Sang und Künste treiben,
Des Kerkers Wände schön gestalten.

Wilhelm

Nicht nur gestaltet er die Wände um,
Er schleicht sich auch um sie herum.
Vernunft denn schreibt Gesetze vor
Und bringt den eig'nen Knast hervor.

So hat der Mensch die freie Wahl
Stets unter selbst gelegten Ketten.
Und halten ihn auch Stein und Stahl,
Die Freiheit webt um eig'ne Stätten.

Endreß

Lässt sich denn nicht jed' Idee,
Jede Tat kausal beschreiben?
Weiß der Mensch denn wirklich je,
Welche Kräfte ihn umtreiben?

Stets gezogen blind am Draht
Seiner Neigung und Empfindung,
Als ob jed' Idee und Tat
Sei des Morpheus' neu' Erfindung.

Denn des Lebens Spielchen tragen
Wie in Traumeswahn sich zu.
Traum ist alles, was sie sagen;
Traum ist alles, was ich tu'.

Manche Gläubige doch wähnen,
Freie Wahl folg' nur den Gründen,
Weil die Freiheit sie ersehnen
Und die Sittlichkeit gefunden.

Und die Klugen noch erwähnen,
Unser Tun kann nie befreit –
Weder von vererbten Genen,
Noch von der Gefühle Streit.

So der Mensch bei allen Taten
Folgt dem Reiz und inn'rer Not.
Darum Gott kann sie erraten,
Wie er plant Geburt und Tod.

Denn des Menschen Geist und Triebe
Sind das Tanzen der Atome.
Und die gottgeschenkte Liebe
Schwimmt noch gegen jeden Strome.

Wilhelm

Die Freiheit lebt in jenem Streit
Den die Gefühle stets entfachen,
Wo die Vernunft versucht gescheit,
Sich selbst zum Steuermann zu machen.

Denn ohn' des Sturmes tobend' Wind
Und ohn' des Meeres schlagend' Wogen
Des Steuermanns Talenten sind
Schon Zweck und Nutzbarkeit entzogen.

Endreß

Der Wille ähnelt einem Schiff,
Das ruderlos im Ozean
Von jeder Seit' ein Sturm ergriff
Und hin und her wirft der Orkan.

Der Mensch sieht sich am Steuerrad.
Er dreht es streng, er hält es grad'.
Wenn ihm der Sturm 'nen Schub erlaubt,
Dann fester er an Freiheit glaubt.

Wilhelm

In diesem Schiff der menschlich' Kern
Hält fest die Riemen und kämpft an
Stets gegen Welle und Orkan,
Zwar wie ein Knecht gegen die Herr'n,
Doch kämpfet nur der freie Mann.

ZWEITER TEIL

DAS BUCH
DES ETHIKERS

Mich hätt' die Holde längst verführet,
Der Unhold mir das Herz verzerrt,
Hätt' ich nicht einst in mir gespüret
Den Sinn und meiner Mühsal Wert.

Der Ethiker

Mich hat schon immer ein Ziel getrieben,
Mit dem ich täglich war begnügt,
Und frei von Lüsten, frei von Trieben,
Mit denen sich der Geist betrügt.

Dann eines Tages hat den Weisen
Die ältest' Götze irr'geführt,
Den Jungen derb und schal den Greisen,
Ach, wie das Schöne uns verführt!

Er muss sich denn in das verlieben,
Was schöner noch, wenn ungeschmückt,
Im Herzen rein und ungetrieben,
Ach, wie das Schöne uns beglückt!

So sehr ich auch die Zeit genossen,
Als wir uns waren warm und nah,
So schwer es war, als ich beschlossen,
Dass man ein letztes Mal sich sah.

Als wäre mir die Seele genommen
Und dann verbannt ins fern' Exil,
Wo dornig' Berge ich erklommen
Und immer wieder runterfiel.

Doch würde ich es nochmal machen,
Solang' ich tu', was soll getan.
Und Träumen ist nie besser als Wachen,
Sei es auch schöner, süßer Wahn.

Wozu sollt' ich bloß je begehren,
Was mir den höh'ren Zweck entreißt?
Vergaß ich denn die alten Lehren?
Begierde weckt des Tieres Geist.

Der Mensch ist zwar vernünftig' Wesen,
Doch selten von Vernunft bewegt;
Ein blinder Trieb, so kluge Thesen,
Der stets sein Tun und Denken prägt.

Der tierisch' Mensch lebt im Gehege
Der fremden Reize, will nicht mal
Sich selbst befreien, weil zu träge,
Zu elend für die freie Wahl.

Denn Freiheit muss er sich erjagen,
Muss meistern mit viel Müh' und Mut,
Zu lassen hinter sich Behagen,
In dem bezecht so mancher ruht.

O Liebste, kannst du mir vergeben?
Noch geb' ich die Vernunft nicht auf.
Doch wäre sie schon aufgegeben,
Wenn für die Lust ich sie verkauf'.

So hab' ich schweres Nein gesprochen
Zum schönen, reizvollen Gesicht.
Mein Ja ist nämlich schon versprochen
Für meine edle Frau: die Pflicht.

Die gewählte Tyrannin

Seit langer Zeit, seit ich gelernt zu denken
Und die Vernunft gebot, die Tat zu lenken,
Halt' ich bemüht der Pflicht die ew'ge Treue.
Und keine schwere Last ich jemals scheue,
Wenn die Vernunft den Weg gelobt als gut,
Ich gehe ihn, sei er auch Dorn und Glut.

Die schwerste Bürde wird dann leicht zu tragen,
Und nie der Mensch im Streben wird verzagen,
Wenn treu das Herz dem guten Zweck ergeben
Und als Gesetz die Pflicht sich selbst gegeben.
Die Pflicht, sie treibt und wirkt wie ein Tyrann:
Hab' ich sie anerkannt, so dien' ich ihr fortan.

Sie kennt in ihrem Walten keine Mitte,
Gebeut zu handeln gar gemäß der Sitte.
O fremder Wille, du quellest aus dem meinen,
Sodass mein Wille sich unterwirft dem deinen,
Sodann der Mensch erst wahrlich werde frei.
Gesetz und Wille sind der Freiheit Zwei.

Im Dienste der Tyrannin steh' ich schon so lange,
Dass ich nur handle aus Gesetzes Zwange
Und fühle nicht den Wert, der mich beweget.
Es ist der Glaube, der das Gute pfleget,
Der Glaube an die Freiheit und den Sinn,
An den guten Menschen, der ich strebend bin.

Die wahrhaft Reichen

Wohlhabend, meine Freunde,
Wird nicht durch Geld der Mann.
Wohlhabend, wer die Seele
Mit Sinn bereichern kann.

Doch wer gelernt zu messen
Das Glück am Haben nur,
Wird nie genug besitzen
Von Schätzen der Natur

Und wird als Armer sterben,
Besäß' er auch die Welt,
Und nichts dem Kind vererben
Als unverdientes Geld.

Nicht die beste aller möglichen Welten

1.

Fang' ich erst mal an zu denken,
Offenbart sich mir der Himmel,
Und aus allen irdisch' Rändern
Eine Wahrheit nach der andern
Schweben ein wie ein Gewimmel.

Zahl nach Zahl, es werde Wissen,
Schicht um Schicht, es werde Hyle,
Bis ich den Beginn begriffen
Und mit Gottes Urbegriffen
In des Lebens Saatgut wühle.

Weiß der Mensch, wie erst entstanden
Kräfte der astral' Gestalten,
Weiß er auch, den Keim des Bösen
Einzusperren, aufzulösen,
So der Frieden doch kann walten.

2.

Dann die Nächte werden still
Und der Geist zur Ruh' sich legt.
Mond und Sterne sind nun klarer,
Waren doch viel wunderbarer,
Als die Neugier sie erregt.

Dann die Nächte werden lang
Und der Geist der Öde satt.
Ohn' das Wundern, Ohn' das Staunen
Keine Vielfalt an den Launen,
Auch die Glieder faul und matt.

Kein Genuss, kein' Lebensfreude
Will verweilen in der Brust.
Früher, als ich ahnend wusste,
Dass sie mir enteilen müsste,
War viel holder mir die Lust.

Ohn' des Lebens herb' Beschwerden
Gibt es keinen süß' Genuss.
Dumpf und schal die Sinne werden,
Wenn des Menschen Geist auf Erden
Nicht im Dunkeln tappen muss.

Auch das menschliche Verhalten
Aller Schönheit nun entbehrt.
Ohn' des Bösen Ungestalten
Kann unmöglich sich entfalten
Ein den Menschen zierend' Wert.

Leer ist mir dies' Engelwesen,
Das auf Erden nun umgeht.
Wenn die Menschen nicht vergeben,
Nicht des Freundes Treu' erleben,
Dann das Schöne nie entsteht.

Und die Welt übt auf den Dichter
Nicht mehr jenen Zauberreiz.
Und ein bleiern' Grau der Grüfte
Zieht gespenstisch durch die Lüfte,
Durch die Leeren meines Geists.

Einmal glaubt' ich gut zu wissen,
Was du, oh Lang'weile, bist.
Nun doch, wo mein inn'res Wesen
Droht, lebendig zu verwesen,
Weiß ich, was Verzweiflung ist.

Das ethische Schönheitsideal I

Ein Wanderer für eine Heimat

Wer will das wahrhaft Schöne sehen?
Der braucht nicht nach dem Monde spähen,
Das schöne denn, es ist nicht weit.
Ich find' es nicht in edler Tugend,
Nicht in der Unschuld holder Jugend,
Ich find' es in der Menschlichkeit.

Und alles Schöne will verführen,
Den Menschen seelentief berühren
Und wühlen auf die Leidenschaft.
So will ich oft dem menschlich Schönen
Mit Herz und allen Sinnen frönen,
So treibt es mich zur Wanderschaft.

Ach, welche mächtige Verführung,
Die tiefe menschliche Berührung,
Zu der mein Wanderleben eilt.
Ich will als Wand'rer nach ihr suchen,
Dann im Moment sie untersuchen,
Auf dass im Denken sie verweilt.

Es ist ein menschliches Verbinden,
Ein Sich-im-Menschen-Wiederfinden,
Des jede Seele fähig ist.
Auch der Tyrann hat es empfunden,
Als doch der Freund zum Freund gefunden,
In einem Anblick schön und trist.

Ich will den Menschen nah betrachten
Und wandernd nach Erkenntnis trachten,
Die Seele öffnen wie den Geist.
Und wenn mich rührt ein Schmerz der Alten,
Wenn dankbar' Freuden ringsum walten,
Weiß ich, was Menschenliebe heißt.

Ich will es mit dem Geist erstreben,
Dann mit den Sinnen es erleben,
Nur dadurch lohnt sich denn das Sein.
Nur darin gründet's sich: im Schönen,
Nur darum will ich mich versöhnen
Mit der sonst unaufhörlich' Pein.

So will ich auf das Schöne lauern,
Die süße Einsamkeit bedauern,
Die meine Müdigkeit belohnt.
Wenn mich die Leere fast zerfressen,
Bin wieder von der Lust besessen,
Die jedem Wand'rer innewohnt.

Doch ruht des Wand'rers launisch' Liebe
Im Gegensatze seiner Triebe,
In tiefem Schlaf und ödem Haus.
Alsdann erwacht ein derb' Verlangen,
Der Geist fühlt sich in sich gefangen
Und bricht empört aus sich heraus.

Dann will ich lauern auf das Leben,
Nach einer Heimat weiterstreben,
In der ich müd' verweilen kann.
Da fühl' ich warme Menschennähe,
Die schnell vergeht und fort ich gehe
Ein heimatloser Wandersmann.

So bleibt des Schönen lieblich' Schatten
Im Busen mir, will nicht ermatten
Und bringt die Sehnsucht stets hervor
Gar wie der Zauber der Kabiren,
Die Schmacht, die strebt zu existieren,
Zu tauschen aus der Nacht empor.

Das ethische Schönheitsideal II

Die Leidenschaft Ernst

Was suchest du in Witz und Lust
Die Langeweile dir vertreiben?
Der Kluge, dem zu viel bewusst,
Vergisst ein Weilchen, alsdann bleiben
Des Geistes Tiefen treu dem Frust
Um jeden Wunsch und jedes Treiben.

Was suchest du das Lebenselixier,
Die Leidenschaft in leeren Dingen?
In Spielchen dort und Späßchen hier.
Auch leer des Werts in deinem Ringen
Um Sinn und Wert, gar gleich dem Tier,
Wo Taten bloß dem Reiz entspringen.

Die wahre Leidenschaft bejaht
Die Menschlichkeit, will sie erleben.
Betrachte des Märtyrers Tat,
Den tiefen Ernst in seinem Streben,
Zu stürzen den tyrannisch' Staat,
Zu sterben, auf dass andre leben.

Das ethische Schönheitsideal III

Ästhetische Entfremdung

Was reizt mich an des Menschen Leben?
Dies' grenzenlos gedeihend' Welt!
Wenn Starke nicht die Macht anstreben
Und rückhaltlos der Pflicht ergeben;
Wenn ungeahnt die Hoffnung hält;

Wenn Arme nicht nach Schätzen schmachten
Und Reiche geben frei das Geld;
Wenn allem Leid zum Trotz noch lachten,
Die vor dem Tod an Liebe dachten;
Wenn sich der Mensch zum Mensch' verhält.

Was mir an ihm absurd erscheine:
Wenn ein begabter, kluger Geist,
Der stets durchschaut den äuß'ren Scheine,
Das Schöne an dem Mensch' verneine
Und Schönes dann am Monde preist.

Wer denkt und lebt denn im Da Oben?
Der Eine an den Schöpfer glaubt;
Der Andre, der den Mond will loben,
Dass dieser sich der Erd' enthoben,
Dem trüben Teich sein Bild erlaubt;

Der Andre, der des Mondes Helle
Für wahrer und viel reiner hält
Als eines Menschen guter Wille
Und sucht das Glück in ferner Stille,
Die nachts das einsam' Herz befällt.

O Mensch, wer kann dich nur verstehen,
Was so unendlich in dir liebt und hasst?
Doch wird den rechten Weg nur gehen,
Wer auch das Schöne kann ersehen,
Von dem du Mensch, ja, so viel hast.

Zerstörer der Werte

So manche Seelen leiden Wunden
So tief, dass sie, statt zu gesunden,
Sich bald am Leid ergötzen wild.
Die Schwermut, die zuvor gequält,
Ist nun, was frei das Herz erwählt:
Des Geist's Ekstase, süß und mild.

Du lernst am Zweifeln dich vergnügen,
Denn dein Genuss ist zu betrügen
Dich selbst und andre gar bewusst.
Dein trister Geist will sich nun rächen,
Wie er gebroch'n, so will er brechen
Und tut's mit Leidenschaft und Lust.

So lässt du mit gewandten Sätzen
Die Leere manchen Wert ersetzen,
Ob er uns hemmt, ob er erbaut;
Ein Wort von dir, ein kaltes Höhnen
Und schon kann nichts mit ihm versöhnen,
Und schon ist uns der Wert geraubt.

Hochmut'ger Geist, ach, du Vernichter,
Ersticker aller inn'ren Lichter,
Mich schaudert's, wie es dich vergnügt,
So leicht den Menschen ihren Glauben
An Tugend und an Sinn zu rauben,
Obgleich dich kein Genuss begnügt.

Du lernst genießen deine Leere.
Wehr' dich, o einsam' Wand'rer, wehre
Dich gegen deines Weges List,
Der gleich den singenden Sirenen
Dich trunken macht mit süßem Sehnen,
Im Wesen doch dämonisch ist.

Paradoxa der Liebe I

Glück und Kummer

Sowie die Lieb' zum ersten Mal
Das Herz des Menschen warm bewohnt,
Wird vorbestimmt er für die Qual,
Die nie die Liebenden verschont.

Weißt du, warum es mich beklemmt,
Wenn dich befällt manch' Lebensnot?
Warum mich dünkt's unendlich fremd,
Dass uns der Tod zu trennen droht?

Und mächtig hält der Liebe Glück
Der Schwermut Dämon noch zurück.
Wenn sie auch dich behütet, dann

Du weißt, wie ich auch sicher weiß,
Warum es braucht doch kein' Beweis,
Dass nie der Tod uns trennen kann.

Paradoxa der Liebe II

Liebe und Zorn

So wie der Schatten stets die Kerze
Mit kalter Dunkelheit umgiebt,
So trübt der Zorn auch jene Herze,
Die einst so warm und rein geliebt.

Und leuchtet noch die Liebe wärmer,
Und drängt der Tag zurück die Nacht,
Der Arme klagt und wird noch ärmer,
Das Böse noch den Hass entfacht.

So Menschen oft im Hass verderben.
Und noch der Liebe lichter Traum
Bestrahlt so manchen dunklen Raum.

So Menschen oft für Liebe sterben.
Und noch der Liebe ew'ge Kraft
In unsrer Welt das Schöne schafft.

Paradoxa der Liebe III

Furcht und Kraft

Wär' nicht der Liebe warmer Schoß,
Würd' ich vom Leben mich abwenden.
Wenn nicht in ihren zarten Händen,
Wär' ich auf Erden heimatlos.

War einmal mir so bang und kalt,
Die Kälte hast du weggetrieben.
Die Bange jedoch ist geblieben
Ob deiner zärtlichen Gestalt.

Sei nicht zu zart in diesem Leben,
Sei ungestüm in deinem Streben
Und ruhe in der Wärme Glück.

Dann stürme mächtig für die Lieben,
Aus deiner Heimat sei vertrieben
Und kehre bald zu ihr zurück.

Die Sonne des Glaubens

Ja, um des Glaubens strahlend' Sonne
Ich drehe mich, nicht um die Wonne,
Mit der der Glaube mich beschenkt.
Und nicht aus Hoffnung, nicht aus Leiden
Will für das Licht ich mich entscheiden,
Doch weil das Dunkel nur beschränkt.

So Mancher will im Dunkel gehen,
Um nicht sich um ein Licht zu drehen,
Das nicht sein Ego ihm verleiht.
So mancher lässt sich gern betören
Vom Schein des Neuen, der in Chören
Der Massen singt in jeder Zeit.

Sei nicht zu stolz, um dich zum Alten
Mit off'nem Geiste zu verhalten –
Das Alte war auch neu einmal.
Lass' dich vom Anschein nicht betrügen.
Für Wahrheit wird Vernunft genügen,
Lass' sie erwägen deine Wahl.

Gelüste und der Hochmut leiten
Des Menschen Wege fehl und breiten
Im Herzen nur Verzweiflung aus.
Denn blind sich um sich selbst zu drehen,
Statt unterm Licht aufrecht zu gehen,
Ist kurzer Spaß und langer Graus.

Die verführerische Gleichgültigkeit

Behaglich ist der Fluss der Zeit,
Sobald der Geist in seiner Gasse
Von aller Hoffnung sich befreit,
Dass je die Sterne er erfasse,
Und ruhet in Gleichgültigkeit.

Und diese macht ihm leichte Fahrt
In einem stürmisch' Meer der Sorgen.
Nie zur Vernunft gibt sie den Rat,
Zu reiten doch die hohen Wogen
Und lassen los das Steuerrad.

Sie geht durchs Leben leichtbeschwingt
Und tröstet lieblich die Gedanken.
Und keine Not, kein Leid bezwingt
Je ihren Stolz, der ohne Schranken
Die Welt mit kaltem Blick verschlingt.

Verschlingt sie auch die ganze Welt
Hinein in ihre linden Leeren,
Bleibt nur die Leere dann und schwellt
Das ungesättigte Begehren,
In dem sie sich gefangen hält.

Der Mann mit dem Wal

Ein Mann entflieht zum Ozean,
Im Kahn er betet und gewinnt
Den Kampfe gegen Welle und Wind.
Wer trotzt der Macht des Meeres Herrn?
Ertönt es groß von hohem Stern.
Ich bin es, Vater, ich dein Kind!
Da wütet mächtig der Orkan
Und schleudert seine Riemen fern.

Bedrückt der Mann sich hier besinnt,
Dass Gott ihm nicht mehr hold gesinnt,
Und stürzt hinunter sich ins Meer.
Mit jedem Atem schmerzt es mehr,
Doch nicht die fast ertrunk'ne Kehle,
Ihn quält der Zweifel seiner Seele.
Kurz vor dem Ende seiner Qual
Verschlingt ihn der gesandte Wal.

In jener Dunkelheit er betet:
O Herr der Himmel und Erde, sehet
Auf euren Sohn mit gnäd'gem Blick.
Nicht für das Leben noch sein Glück
Ich flehe euch in dieser Not,
Doch ich ersehne, dass beim Tod
Ich nicht in eurem Missmut sterbe,
Ich eure gütig' Huld erwerbe.

Er sieht, wo er aufwacht am Strand,
Die Frucht erblüh'n aus dürrem Sand.
Da lässt sein Schöpfer mild sich hören:
So soll dir meine Gunst gehören,
Dass du erneut ein Künder bist.
Ninives großem Volk du wirst
Die frohe Botschaft nun verkünden,
Dass Gott vergibt die alten Sünden.

Du flohst nicht vor des Mahners Pflicht,
Doch vor des Zeugen Kummer schlicht,
Dann hast in deiner Not Gebet
Aus reinem Herzen das erfleht,
Was schon für dich ward dort bestimmt,
Da Kahn gegen Orkane schwimmt
Und dir den unverzagten Glauben
Das stürmisch' Meer versagt zu rauben.

Stufen der Genialität

Wer schnell erkennt, auf welche Weise
Manch eine Sache geht,
Der ist zwar schlau, doch ist der Kluge,
Wer auch sich selbst versteht.

Wer fleißig in den langen Nächten
Sich mit den Büchern plagt,
Der ist zwar schlau, doch ist der Kluge,
Wer Kluge hinterfragt.

Wer die Struktur der Lebensformen
Im Kleinsten untersucht,
Der ist zwar schlau, doch ist der Kluge,
Wer nach den Gründen sucht.

Und wer bei allen Geistesfragen
Stets eig'ne Zweifel hegt,
Der ist zwar klug, doch glaubt der Weise
Ans Gute unentwegt.

Und wer des eigenen Verstandes
Sich schon bedient' mit Mut,
Der ist zwar klug, doch weiß der Weise,
Zu achten dieses Gut.

Ein Ethiker in der Stadt

In der Stadt verweil' ich nie,
Ich geh' an ihr stets nur vorbei
Und seh' zur Liebesmelodie
Die Paare tanzen froh im Mai.

Die Schönheit des Gesanges reicht
Mir oft die Hand und hält mich an.
Mitsingen sollte ich vielleicht,
Doch zweifle ich, dass ich es kann.

Zwar macht das Singen leichtes Herz
Und hilft auch gegen Einsamkeit.
Doch kann ich nicht Gesang und Scherz,
Der Stimme fehlt die Leichtigkeit.

Lädt mich die Holde lieblich ein
Zum Tanzen unterm Sonnenlicht,
Dann sag' ich, mit Verlaube, nein,
Betrachter bin ich, Tänzer nicht.

So sehr der Tanz mir auch gefiel,
Ich nahm alsbald von ihm Abschied.
Hab' wenig Lust auf Spaß und Spiel,
Hab' wenig Spaß an Tanz und Lied.

So zieht' es mich zum Fleiße hin,
Und fleißig ist man selten gern.
In Einsamkeit such' ich den Sinn,
Die Wahrheit über Mensch und Stern.

Dann zieht es mich zum Wandern hin.
So such' ich fort und unverzagt.
Ja, sicher weiß ich, wer ich bin:
Ich bin der Mensch, der gern entsagt.

Eine Weisheit für die Hirnforschung

Was den Menschen heute bricht,
Sind des schlauen Forschers Lehren,
Die des Menschen Hirn erklären,
Weil ihr, Hochbegabte, schlicht
Nie des Menschen Geist ergreifen
Könnt berechnend nie umgreifen,
So zu euch die Weisheit spricht.

Wenn des Menschen Kern ihr wollt
Unter Akten nicht verlieren
Und die Jugend irritieren,
Drüber staunen dann ihr sollt,
Wie das unbedachte Glauben,
Dass der Mensch nie frei gewollt,
Kann den guten Willen rauben.

Soll das Bisschen, das ihr wisst
Übers menschlich' Neuro-Köpfchen,
Euch doch lehren, dass ein Tröpfchen
Nicht des Meeres Inhalt ist;
Dass wir sollten lieber staunen,
Statt verderben uns die Launen
Bald mit Zweifel, bald mit Zwist.

Folgt dem intuitiv' Gespür.
Geht hinaus ins Land und sehet,
Wie der Mensch oft widerstehet
Doch den Trieben seiner Natur,
Sie durchschaut mit dem Verstande,
Fragt nach Sitten, nach Kultur ...
Bis zum metaphysisch' Rande.

Der Wille zum freien Willen

Oder: Anthroposophie

Was kritzelt da? Was malt sich auf?
Ein Stift in Hand und Wörterlauf.
Ein' Seele sucht nach Unbekanntem,
Mit Worten ruft nach Unbenanntem.

Wie sie stets rennt gegen die Zeit,
Dann stolpert am Gedankenstreit.
Sie sehnt sich nach ... wonach denn bloß?
Was drängt sich auf? So stark und groß!!

Was will sich denn so dringend schreiben?
So Manches kann wohl drin nicht bleiben.
Es will frei sein, es will befreien,
Dem Dasein eine Seele leihen.

Sobald es jedoch bricht heraus,
Dann steht es gleich in eng'rem Haus.
Denn ob der Sprache Tyrannei
Ist es hier draußen wen'ger frei.

Zu viel die Regeln in dem Satze.
Hier wär' es sicher fehl am Platze.
Es ändert sich in meinen Worten.
Es ist nicht rein an solchen Orten.

Zwischen Pronom' und dem Verbe
Kämpft die Freiheit, eh' sie sterbe.
Des Stiftes Mühe bringt nicht viel,
Nur etwas Spaß am Wörterspiel.

Was wahrlich sich zu wissen lohnt,
Steht nicht geschrieben, sondern wohnt
Des Menschen seelisch' Kräften inne.
Wollt ihr denn seh'n, was lebt dadrinne?
Müsst selbst hinwandern und dann staunen
    über des Geistes seltsam' Launen.

Was malt sich da in meinem Kopfe?
Ein grünes Land, wo froh ich hüpfe?
Ein stilles Rauschen leerer Küste?
    ach, das sind nur sinnlich' Lüste!

Hier schlummern nur die reinen Triebe.
Die Reinen sind nicht Hass und Liebe,
Denn diese sind ein Schein des Wahren,
Wie es die Schatten Platons waren,
Zu sehen an der Höhlenwand,
Wo sklavisch man in Ketten stand.

Denn hier ist weder Stille noch Leere.
Hier ist des Geistes tiefste Sphäre.
Es lebt, es strebt und regt das Sein.
Es zieht die Welt in sich hinein.
Es ringt und bringt hervor die Taten.
Es drückt sich aus in all' Zitaten.

Es wohnt dem Kern des Menschen inne,
Der sich will über sich selbst erheben.
Wollt ihr denn seh'n, was lebt dadrinne?
Müsst' wagen euch jenseits der Sinne,
　euch des eig'nen Schattens entheben.

Auf die Frage der Jugend

So ab und zu, da stellst du dir,
Was heute ja so üblich ist,
Die rätselhafte Frage,
Wer du denn wirklich bist.

Und hin und her und uferlos
Dir schweben die Gedanken.
Du wartest lang' und endelos,
Dass je sie möchten landen.

So wird es höchste Zeit,
Die Wahrheit zu erkennen,
Und weh', du lässt dich je
Von dieser Weisheit trennen:

Das Ich ist nicht ein Werk,
Aus Umwelt und aus Genen,
Es ist das Maß am Mut,
Sich doch nach mehr zu sehnen.

Die Frage wird zum Hemmnis,
Wenn sie beirrt und leer.
Was nutzt dir die Erkenntnis,
Was du bist oder wer?

So liegt es nicht am Wissen,
Wer du denn wirklich bist,
Doch wohl daran, zu wissen,
Was du im Leben willst.

Die Antwort lässt sich finden,
Wenn sie vom Herz gesucht.
Ein Rat wird dir gegeben,
Für Weise ausgesucht:

Wenn du begierig strebst
Nach Glück und Position,
Lebst du vielleicht vergnügt,
Doch wär' es Illusion.

Das Glück denn wird als Ziel
Des Trachtens nicht erlangt,
Sondern entsprießt dem Streben,
Das Höheres verlangt.

Der Rat ist nun gegeben,
Das rechte Maß gefunden
Und Weisheit für das Leben,
Das du noch wirst erkunden.

ETHISCHE AUSDRÜCKE

Kluger Geist – schlechter Schüler

Treibt beim Lernen dich ein Zwang,
Neues stets zu hinterfragen
Und mit deinem kritisch' Klang
Oft den Lehrer rumzuplagen?
Dann treibt dich der Klugen Drang,

Nicht die Zeilen bloß versteh'n,
Doch dich selbst, ja dich zu deuten
Und die Welt durch dich zu seh'n,
Auch wenn alle heut sich scheuten,
Sich um eig'ne G'danken dreh'n.

Die Kunst der ewigen Jugend

Im Lenze des gesunden Lebens
Gleicht jeder Tag 'nem Neubeginn.
Und erst wenn ich bin müd' des Strebens,
Mich bessern will, jedoch vergebens,
Welkt auch mein Lenz begnügt dahin.

Das Laster des Belehrens

Verehr' den Mensch, der rein sich hält
In einer so verderblich' Welt.
Veracht' den Mensch, der dich belehrt,
Des Ernstes dabei gar entbehrt.

Ein Knigge, zwei Ratschläge und ein Gesetz

Höre, eh' du redest.
Schreibe, eh' du liest.
Sinne, eh' du betest.
Und die Frucht entsprießt,
Ehe du sie erntest.

Das Verführerische am Menschen

O Mensch, der du aus dunklen Trieben
Schaffst Böses, ach, so oft auf Erden,
Verführst mit deiner Kraft zu lieben
Mich oft, ein bess'rer Mensch zu werden.

Die Sinnkrise

Wenn der Sinn die Arbeit leitet,
Läuft sie wie von Gott geleitet;
Wenn er nur für freie Zeiten,
Ist die Arbeit nicht zu leiden.

Sehkraft des Guten

Wer das Gute wählt,
Kann das Schöne sehen,
Ob es ewig hält,
Ob es muss vergehen.

Die zerbrechliche Schönheit

Die Schönheit, die so leicht gefällt,
Noch leichter kann dem Aug' entschwinden,
Wenn die Vernunft das Herz erhellt,
Doch Schönheit kann sie drin nicht finden.

Das Wesen des Menschen

Antwort auf Goethe's *‚Dämon‘*

Vergiss den Stern, der dich der Welt verliehen,
Er schweifet fern vom Wesen des Poeten.
Zwar kann er seinen Trieben nicht entfliehen,
Sie drängen stets, im Handeln aufzutreten,
Doch kann der Mensch zu neuen sich erziehen,
Die drängen auch dämonisch, doch erbeten.
Und keine Zeit und keine Macht zerstückelt
Gewählte Form, die strebend sich entwickelt.

Der Anspruch der Moral

Nur der, der weiß zu üben viel Verzicht,
Kann erst erkennen die moralisch' Pflicht.
Doch sie erfüllen ... wär' ein viel zu lang'
                                                Gedicht.

Die süße Einsamkeit

Nie fühlet sich ein Mensch allein,
Der weiß, mit sich begnügt zu sein.

Der Antiskeptiker

Skeptisch hält der Kluge stets
    im Gehen seine Mitte,
Fragt sich, ob er richtig geht's
    nach jedem seiner Schritte.

Sich'rer geht der Weise fort,
    sobald ihm kann gelingen,
Skepsis mit des Glaubens Wort
    für immer zu bezwingen.

DIALOG MIT DEM NIHILISTEN

DRITTER DIALOG

1. Über den passiven Nihilismus

Wilhelm

Das menschlich' Streben, will ich sagen,
Nach Wahrheit und des Lebens Sinn
Nicht nur von Klugen wird getragen,
Es liegt auch in den Laien drin.

Nur ist der Kluge stets getrieben,
Nach jeder Frage Antwort suchen,
Lernt nicht auswendig, was geschrieben,
Weiß seinen Geist auch untersuchen.

Der Laie ist jedoch getrieben,
Des Tages Beut' nach Haus' zu tragen,
Im Wohlgefühl gedeih'n und lieben,
Sich nicht mit großen Worten plagen.

Er hat in mancher Hinsicht schon
Das Sein, das du dich sehnst zu fangen.
Mein kluger Freund, was ist dein Hohn
Mehr als Verzweiflung der Gedanken?

Manch' Laie lebt schon die Antworten
Auf Fragen, die die Klugen stellten,
Und sagt mit ungenannten Worten
Oft, welche Wahrheit sollte gelten.

Endreß

Die Wahrheit, die nur gelten soll,
Ist für den Klugen nicht wertvoll.
Nur mancher Heiliger noch lehrt
Den Glauben, den er hochverehrt.

Das Glück des Gläubigen bedarf
Der Dogmen, die der Wahn entwarf,
Dass alles habe seinen Zweck;
Dass Gutes hinterm Elend steck'.

Doch kannst du ihn nicht mal erraten,
Den Sinn, der deine edlen Taten
Soll wie die Zauberkraft antreiben,
Kannst nie mit Worten klar beschreiben.

Dies zeichnet dich als Heil'ger aus,
Dass wenn ich ford're dich heraus,
Die eig'nen Lehren zu erklären,
Tutst nicht, als ob sie logisch wären.

Du hast's versucht, jedoch vergebens,
Was ihn dir dennoch konnt' nicht rauben,
Den unergründlich' Sinn des Lebens,
Den unermüdlich treibend' Glauben.

Und noch versuchst du es vergebens,
Und noch kann ihn dir niemand rauben.
Mein weiser Freund, was ist dein Glauben
Mehr als das Scheitern deines Strebens.

Als er die Gründe nicht gefunden,
Den Glauben hat der Mensch erfunden.
Und dann nach vielen wandelnd' Jahren
Verkauft er noch die gleichen Waren.

Doch sind die Gründe, die er suchet,
Nicht die des Sturms und Sonnenscheins,
Der evolvierte Mensch versuchet,
Zu meistern nun den Grund des Seins.

Am Ziel ist er doch nur so nah,
Wie er seit Anbeginn es war.
Und jede Antwort ist ein Glaube,
Den sich der Kluge nicht erlaube.

Für jeden Glauben gilt denn schlicht,
Dass ihm ein andrer widerspricht.
Und wer sich nicht damit versöhnt,
Der an die Lüge sich gewöhnt:

Der einzig wahre Glaube – herrlich,
Die Beste aller besten Lügen,
So Arglos und zugleich gefährlich,
Konnt' sogar dich, o Weiser, trügen.

Im Glauben hast du denn entdeckt
Den süßen Trost und den Ersatz,
Als hätte sich noch nie versteckt,
Was du gesucht – welch teurer Schatz.

Der Widerspruch in deiner Wahl
Ist, dass du Wahres lebst im Traum
Und mehr als Glück dann findest Qual,
Weil dort für Leichtsinn ist kein Raum.

Und ja, der Klugen Drang sie zwingt,
Dass sie die Antwort suchen wollen.
Wer diese glaubend doch erringt,
Dem ist die Lebensfreud' verschollen.

Denn seine Antwort wär' die Hürde,
An der sein Leben straucheln würde;
Denn seine Antwort wär' das Glauben,
Das ihm den Lebensglanz würd' rauben.

Denn jeder will den Glauben schützen,
In dem sein Selbst sich bang verbirgt,
Und ihn zugleich als Waffe nützen,
Die jeden Feind zu Tod' erwürgt.

Des Glaubens Dogmen tückisch loben
Das Selbst, das sie zugleich aufhoben,
Als sie ihm Normen vorgeschrieben,
Die widersprachen seinen Trieben.

Wenn sich der Geist jedoch befreit
Von Gut und Böse, Freund und Feind;
Wenn er zurück sich zieht vom Streit,
Kein Urteil ihm als wahr erscheint,

Erst dann gelangt der Mensch zum Nichts,
In dem sein Dasein einst geruht,
Zum Ursprung dieses blendend' Lichts,
Dann schließt das Auge sich und ruht –

Tief unter eines Baumes Schatten
Liegt meiner G'danken Zufluchtsort.
Die schönsten Zeiten, die sie hatten,
Wo Vögel singen fort und fort.

Und so, mein Freund, während im Traum
Du dich aufhältst mit Freude kaum,
Da bleib' ich in der Wirklichkeit
Mit Gleichmut und Gelassenheit.

Und lass' dem Willen seinen Lauf,
Du kannst nicht über ihn entscheiden.
Denn ob der Fluss bergab oder bergauf,
Er fließt, du kannst es nicht vermeiden.

2. Über den Glauben

Wilhelm

Nein, mein Freund, sei nicht voreilig,
Spotte nicht, nenn' mich nicht heilig,
Sei dem Vorurteil voraus.
Nicht weil ich gesucht den Frieden,
Hab' zu glauben ich entschieden;
Nein, es geht darüber hinaus.

Denn der Glaube soll ergänzen
Und erweitern bloß die Grenzen,
Die dem Menschengeist gesetzt,
Nicht die Wirklichkeit uns rauben,
Noch die Zweifel, weil das Glauben
Nicht die Wissbegier ersetzt.

Noch ersetzt er, was wir wären
Ohn' des Glaubens sittlich' Lehren,
Denn der Glaube soll Moral
Mit dem starkem Willen stützen,
Nicht verhindern, dass wir nützen
Die Vernunft bei jeder Wahl.

Noch soll er darüber trösten,
Dass die Kleinsten und die Größten
Uns'rer Fragen offen sind;
Dass des Verstandes Bestreben,
Sich der Sinne zu entheben,
An denselben gleich zerrinnt;

Dass die Augen nie erfahren
Jenen Blick ins Reich des Wahren,
Wo der Wahrheit Sonne steht
Hoch über tiefen, schmalen Gassen,
Wo der Mensch vom Licht verlassen
Eifrig nach den Sternen späht.

Dort der Kluge sieht die Lage,
Dass die Sicht aufs Ziel zu vage.
Ob die Sterne sind gar echt?
Dort des Klugen Zweifel steigen,
Lassen ihn nun öfter schweigen,
Wenn gefragt nach Gut und Schlecht.

Dass der Kluge Zweifel heget,
Wenn sich eine Antwort reget,
Ist der Klugheit guter Rat;
Wenn die Zweifel doch verweilen,
Werden sie zu Feuerpfeilen,
Deren Brand dem Herz sich naht.

Wenn du denn verharrst im Zweifeln,
Droht der Wandel zum Verzweifeln,
Wandelt dich mit Macht und Wucht,
Prägt dir ein die giftig' Lehre:
Nichts sei wahr als nur die Leere
Und der Mensch vergeblich sucht.

So des Klugen Zweifel werden
Unheilbare Herzbeschwerden,
Bis ihm bald der Sinn entweicht,
Ehe er ihn aufgegeben,
Denn Verzweifeln ist ein Leben,
Das, mein Freund, dem Tode gleicht.

Weißt zwar dich des Seins erfreuen,
Doch du suchst dich bloß zerstreuen
   mit Abenteuer und Müßiggang.
Wie die Rosen Gräber schmücken,
   des Lebens Rosen dich entzücken,
Währen jedoch nicht so lang'.

Dich brauch' ich ja nicht belehren,
Wie die bleibend' Zweifel zehren
An dem Willen und dem Glück.
Denn Verzweiflung ist dir eigen,
Magst du es auch nicht so zeigen,
Hältst dich weiterhin zurück,

Gehst gelassen durch das Lande,
Bist zum guten Rat imstande,
Doch dein Rat ist allezeit:
Gehet besser den Vögeln lauschen.
Bitte, mein Freund, nur nicht vertauschen
Gleichmut mit Gleichgültigkeit.

Sich bewusst zurückzuhalten,
Sich des Urteils zu enthalten,
Bringt der Seele nicht die Ruh'.
Denn die Hoffnung aufzugeben
Und zugleich ein gutes Leben,
Lässt dir die Vernunft nicht zu.

Will der Mensch einmal entscheiden,
Wahr und falsch klar unterscheiden,
Ruht er nicht, bis er sie find't,
Sterne, die er einst gesuchet
Und zu spötteln nun versuchet,
Dass sie nicht zu finden sind.

Zwar gibst du nicht auf die Suche,
Liest gar fleißig jedes Buche,
Doch dem Herzen ist bewusst,
Dass die Zeit dir wird entschwinden,
Ohne je den Sinn zu finden.
Bald du widmest dich der Lust.

Du verzweifelst in Gelüsten,
Bis sich bald die Sinne entrüsten
Und es dich nach Sinn verlangt.
Wieder treibt es dich mit Fleiße,
Doch das Herz es sinnlos heiße
Und zum Sinn auch nie gelangt.

So, mein Freund, während im Dunklen
Deiner Gasse du sitzt, da funkeln
In der meinen Lichter auf,
Kerzen, die der Glaube zündet,
Deren Helle unbegründet
Nimmt es mit der Sonne auf.

Hoffnung ist an sich der Glaube,
Wo, mein Freund, ich, mit Verlaube,
Lade dich ganz herzlich ein.
Setze frei Verstand und Seele,
Hab' den Mut dazu und wähle,
Lass die Sonne kühn hinein.

Unter ihrem warmen Lichte
Schmitzt des Zweifels Eis zunichte
Und erblüht aus dem Gestein
Deiner Gasse des Lebens Lenze.
Setz' dem Zweifel eine Grenze;
Lass' ihn dir ein Mittel sein.

Denn aus tiefstem Zweifel schlüpfet,
Wie auch Gut mit Bös' verknüpfet,
Höchste Zuversicht hervor.
Dann der Mensch mit inn'rem Frieden,
Wie auch Tag von Nacht verschieden,
Aus Verzweiflung taucht empor.

Dann der Kluge wird zum Weisen,
Der mit starkem Willen aus Eisen
Zu verzweifeln weigert sich.
Mag dir bald ein Buch verkünden:
Suchst du, dann hast du gefunden
Schon des Lebens Sinn für dich.

VERZEICHNIS DER GEDICHTTITEL

ÜBER DEN AUTOR

Abdullah Rahhal, geboren im Juli 1998 in Syrien in der Stadt Idlib. Er floh Mitte 2015 vor dem syrischen Bürgerkrieg nach Deutschland. Drei Jahre nach seiner Ankunft erhielt er in Freiburg am Goethe-Gymnasium seinen Abiturabschluss mit einem Preis für besondere Leistungen und absolvierte im Jahr 2022 zwei parallele Bachelorstudiengänge in Volkswirtschaftslehre, sowie in Philosophie. Im Mai 2023 erschien sein erstes Gedichtband „Die Klage der Nachtigall". Derzeit setzt er an der Universität Freiburg sein Philosophiestudium fort, während er u.a. am zweiten Band seines philosophisch lyrischen Werkes *„Poetisches Entweder–Oder"* schreibt.